9 789198 701081

ديوانُ المُهَاجِر

أفْواهٌ يَمْلؤُهَا المِلْح

بوشعيب كادر

BOUCHAIB GADIR

ديوانُ المُهَاجِر
أَفْوَاهٌ يَمْلَؤُهَا المِلْح

THE IMMIGRANT'S VERSES:
MOUTHS
FILLED WITH
SALT

SAMEH Publishing
دار سامح للنشر

الإهداء

إلى زوجتي ضحى كادر

مقدمة

معرفتي بديوان د. بوشعيب كادر لا تقتصر على كوني قارئة لأشعاره، بل مترجمة لبعض منها. تقول المنظّرة غاياتري سبيفاك (Gayatri Spivak) أن على المترجم/ة أن يستسلم للنص، ولهذا أعتقد أن علاقتي بشعر بوشعيب كادر تتخطى القراءة حيث إني قد تقربت من قصائده استسلامًا لهذا الشعر الذي يعبر عن تجربة فريدة من نوعها وفي الآن نفسه هي تجربة واسعة النطاق والانتشار. ففي مجموع قصائده بعنوان «ديوان المهاجر: أفواه يملؤها الملح» يروي بوشعيب كادر عن تجربة المنفى من منظوره الشخصي، لكن معظم قرّاء هذا العصر - «عصر الهجرة والمنفى» وما ينتج عنه من عزلة - يتماهون مع تجربته حيث يصبحون أناساً «لا وجوه لهم ولن تصير لهم وجوه» فيسهل نسيانهم أو موتهم في بلاد لا يعرفهم فيها أحد.

من أبرز سمات الكتابة الحديثة قدرتها على تجريدنا من الحواجز الخيالية التي نشيدها بيننا وبين مشاعرنا، ومخاوفنا اللاشعورية التي تقلقنا وتُنَغص صفو عيشنا. فقصائد هذا الديوان نجحت في إسقاط هذه الحواجز، لتضعنا وجهًا لوجه أمام أحاسيسنا التي نُمضي معظم أوقاتنا نتجنَّبها ونُنكِر وجودها داخل أعماقنا.

قصائد هذا الديوان مفعمة بمعاناة عميقة تتسلل بهدوء الى كياننا لأنها معاناة نشعر بها دون الاعتراف بوجودها؛ معاناة تعلمنا أن نتعايش معها دون تفاوض، لأننا استسلمنا لها منذ زمن بعيد إلى أن أصبحت جزءًا من حياتنا اليومية. هذه المعاناة ليست نتاج حدث محبط معين وإنما هي نتاج تجارب يومية عديدة تنبت من واقع معاش.

أناس يهاجرون، يقعون في الحب، ينفصلون، يتعرضون للتعصب العرقي، للعزلة وللصدمة الثقافية التي لا خروج منها، وذلك جرّاء العيش في بلد لا يُشبهنا. يقول الشاعر: «قالت لي إذا كُنت سَتعترِف فاعتَرِف الآن/ كيف تَعيش هُنا؟/ قُلت مَن خرج من دَارِهِ/ لا دَار أخرى له». فهنا يعبّر الشاعر عن تجربة شخصية مؤلمة تطال كل مهاجر/ة، فالهجرة قد أصبحت حالة عيش يحاول المهاجر التأقلم معها، والحياة أضحت «احتضارًا دون موت والأغلبية يموتون». ولم يعد للمهاجر شفاء من هذه العزلة، حتى وإن عاد إلى وطنه الأم، يغدو الوطن خيالاً لا وجود له؛ فكلاهما قد تغير إلى غير رجعة.

يخاطب الشاعر مدينته بجزع: «كازابلانكا، عندما أُفكِّرُ فيك أشعر بالخوف/ هل ستتعرّفين عليّ حين أعود إليك/ وهل سأتعرّف عليك؟» فهو مقتنع أنه محكوم عليه بالعودة الى مدينته الجديدة نيو أورلينز: «ما أحب المدن إلى قلبك؟/ ليست نيو أورلينز/ مدينة الغُبار والرَّماد». ليس علينا أن نكون مهاجرين أو غرباء لنشعر بالغربة والعزلة في محيط لا يشبهنا وهذه القصائد تؤكد انتشار هذه الحالة في زمن يعيش فيه معظمنا حالة عزلة مزمنة.

وهكذا فإن قراءة هذا الديوان، المفعم بحساسية مرهفة، والمؤلف بلغة دقيقة وبغاية الجمال، تعد بأن تكون تجربة علاجية تصالحية مع النفس،

لأنها تحررنا من مخاوفنا إذ ندرك أن حزننا العميق دليل على إنسانيتنا التي نشاركها مع الشاعر ومع الآخرين، مثلما تقرَّب الشاعر من إنسانيته ومن باقي الكائنات عندما اعتذرعن أعمال العنف التي ارتكبها ضد الفراشات: «وقُلتُ للفراشات، هذه أزهارُكِ/ أعتذر لَكِ عمَّا فعلت»، واعتذر من بعض الكلاب: «كُنتُ أَتَعَقبُ الكلاب وَأرميها بالحجارة/ الآن، كُلَّما رَأيتُ كلباً أريد أن أعانقه/ وأقول لَه سامِحني». نحن نودّ أيضًا أن نتصالح مع أنفسنا بعد قراءة هذا الديوان الرائع الذي يمسنا في أعماق قلوبنا، ويترك بصمته في أفكارنا ومشاعرنا. فبساطة اللغة الممتنعة التي يكتب بها الشاعر قصائده، تَنهال بمهارة على قلب القارئ/ة وتثير مشاعر وأفكاراً مُتأجِّجة، لكنها دفينة.

عندما نُمعِن في قراءة هذه القصائد، ندرك أنها لا تتكلم فقط عن تجربة الشاعر الشخصية، بل عن كل واحد/ة منا يعيش في «شارعُ يُشبهُ الموتى/ والموتى فيه لا يُشبهون أحدًا».

- غادة مراد
أكاديمية ومترجمة عربية مقيمة في كاليفورنيا

هؤلاء!

لا أدري إذا ما كان الذي سَمِعتُه وأنا نائم

حقيقةً أم خيال

لكني سَمِعتُ جَدَّتي تَهمِسُ لي في أُذني:

إنَّ أسرارَكَ هُنا،

فلا تَحمِلها إلى أرضٍ أُخرى

***

عِندما يَعبُرُ الذين يُشبِهوني البَحر،

ماذا يَحدُثُ لَهم؟

لا شيء، فقط يَموتون

يَأتي مَوجٌ عالٍ ومضطَرِب، يُطيحُ بأحلامِهِم

الصغيرة،

وَيَملأُ أفواههم بالمِلح

أمّا الذين يدخلون بأوراق رسمية

فيحتفلون بوصولِهم،
يأخذون لهم صوراً بالقرب من العملاق برج
إيفل
وبعدها، تَبني لهم فرنسا حيطانا وَغُرَفا
يَتَعَفَّنونَ فيها وَيموتون
تَبني لهم حيطاناً في تِلكَ الأمكنة
التي يموت فيها الناس

بِجُرعة هِروين زائدة
عِندما يَعبُرُ الذين يُشبِهوني البَحر،
ماذا يَحدُثُ لَهم؟
لا شيء، فقط يَتَسَوَّلون بملابِسَ نظيفة
تِلكَ الوجوهُ التي ما إن تُجَرِّبَ شيئاً حتى تُدمِنُهُ
دُوَارٌ خفيف يُصيبُ الرَّأس،
يُصبِحُ العالَمُ رخواً وَمُضحِكاً
وتُحيطُ بِكَ السَّعادة

وبعدها تَطرُدُكَ فرنسا من جميع أحيائها الجميلة
وبعضهم يبحث عن عمَلٍ دون جدوى
والذين يُقالُ لهم عادة
تَأخرتَ بِدقيقة واحدة
تِلكَ الوجوه، التي ما إن يَراها أصحابُ الشُّقق السكنية
حتى يُقَرِّرون بسرعة، أن لا شُقَقَ عِندهم للإيجار

***

هناك في تِلك الأقاصي الباردة البعيدة
ماذا تَفعَلُ تلكَ الوجوه المكتَئِبَةُ كالفَحم؟
لا شيء
يَستَمِعون إلى أغانٍ مريضة تُذَكِّرُهُم بِشيء ما
وآخرون

يملؤون الاستمارات
والآباء الصالحون ماذا يفعلون؟

لا شيء
يُنصِتون إلى أناشيد الموتى
ويملؤون استمارات جديدة
وحين ينتهون، يبحثون عن استمارات جديدة
يُخبرون فيها ماما فرنسا
بأن بطون زوجاتهم انتَفَخت قليلاً

***

عندما تسكن في بلدٍ لا يُشبِهُك، يصيرُ اسمُك:
هؤلاء
باريز التي جِئتُ إليها، لا أراها
أرى ضباباً يَلُفُّها من كُلِّ الجهات .

خذوا قَوارِبكم إلى أبعد مدى

يستفيق الأب في الصباح في إحدى ضواحي باريس

يفتح النافذة، ويتساءل ما الذي حَدث؟

ولماذا أنا هنا؟

لماذا يسيل الدَّم مِنِّي؟

وَمَن أطلَقَ هذه الرَّصاصة؟

***

المهاجر يعيش في بلد

ويبني بيتاً في بلد آخر

***

مِن هضاب طنجة أرى لَأْلأة نجوم وأنوار

الساحل الإسباني
أرى حلمي هناك
أفرح، فأكلّم النجوم والسحاب
أمّا ماء البحر فأسأل المسيح عنه
وأقول لَه يا سَيدي
أَرِني كيف أمشي على الماء؟
أمسَكني من يَدي وقال: عُد مِن حيث أتيت

***

على ضفاف شاطئ جميل
يَقذِف البحر خيالات هاربة
سلام على الحمقى، سلام على المشرّدين والتّائهين
في طنجة
مرحباً بكم، ادخلوا، اختبئوا في حاويات
الشحن، تفضّلوا
ارحلوا في في صمت
خذوا قَوارِبكم إلى أبعد مدى
وإذا اختلط عليكم الجنوب بالشمال

فلا تعودوا إلى أقرب يابسة

حين تصِلون، ستصيرون أنتم وغيركم

إسفلت هذه المدينة وشَحّاذيها

سلامٌ على غرباء في باريز، يَلفظون

أنفاسهم مرضى وحيدين في مستشفى حكومي

سلامٌ على الذين يشتدّ بهم الحزن فيسكرون

حتى يموتون

مرحبا بحيطان السكن الجماعي الباردة

مرحبا برائحة البول والعفن

سلامٌ على حلم يتضاءل

فيصير نحيفاً كجائع

سلامٌ على حلم يشبه مرض السل.

***

أطفال يخرجون من تحت الأسرّة والبيوت المعتمة

أطفال يخرجون من النوافد

أطفال يخرجون من المواسير

مواليد جُدد يتدحرجون من بطون أمهاتهم

يكبرون، فيسألون آباءهم

من أنتم؟ ولماذا جئتم إلى هنا؟

لماذا لا أُشبِهُ أبي؟

ولماذا لا تُشبِهُ أمّي فرنسا؟

وهل فقدت قواها العقلية فأخذها الجنون؟

❋❋❋

التقيتُ بفرنسي عجوز رَبت على كتفي

وقال تعفّن

في باريز يعيش الحلم في الضواحي،

يُبَلِّلُه المَطر وتحرسُه الشرطة

في ضواحي باريز

حُلم يُغشّيه ضباب في الأفق.

❋❋❋

تعرِف جُارتنا أنّ رشيد يخرج ليلاً

للبحث عن بنتِه في بارات المدينة

وحين يعود إلى شقّته
يضرب برأسه الحائط
لثوانٍ وبعدها يُحُلّ صمت رهيب.

***

سعيد، يشبه سلكاً كهربائياً يحطّ عليه غراب
تعرف جارتنا سِرّهُ
يتناول المخدرات
كما يأكل جائع في باريز
قطعة حلوى.

زهرة، تعرف جارتنا سِرَّها
تأتي كل يوم جمعة إلى البناية
فيتناوب عليها مجموعة
من العاطلين اللصوص
في الشقّة المجاورة لي

ستظل هكذا حتى يغمرها الثلج

في حديقة جميلة

وتموت.

السّعادة!

كُلَّ مَساء حين أعودُ إلى بيتي،
أُشعِلِ جِهاز التلفزيون
أُشعِلُ المُكَيّف
أُشعِلُ أضواء البيت كُلِّها
حتى تَنفذَ الأشِعّة إلى مَكمَنِ الجُرح
أُشعِلُ الأضواء حَتى إذا جاء الموت
رَأيتُ وَجهَ عَدُوّي أمامي
أُشعِلُ الأضواء فلا أرى شيئاً؛ هل صِرتُ
أعمى؟

***

في المَساء، حين تَحتاجُ إلى شيء دافئ يُقَرِّبُكَ من
السّعادة،
تُسَوّي لُفافَة ماريجوانا وَتُشعِلُها

تَسحَبُ الدُخّان إلى كُلِّ مِنطَقَةٍ بِها وَجَعٌ،
يَعتَدِلُ مِزاجُك
يَنبَسِطُ الوجهُ وَتَسترخي عضلاتُك
تَتَثَاقَلُ الكلمات في فَمِك فتخرج نَعسانة
تَفرَحُ قليلاً وَتَطمَئِنُّ لِوجودك
يُصبح العالم المحيط بك رَخواً، ورائعاً
يصيرُ بَيتُكَ بَهِيّاً وعامراً بالفَرَح
حتى جارتي المريضة لا تَبدو سَيِّئة جِدّاً
حين التَقَيتُها أول مَرَّة قالت لي
إنّها تُحِبُّ طَنجة والبحر الأبيض المتوسط
وَبعدَها قالت لي إنها تُحِبُّ الكُسكس
وحين التقيتها آخر مَرَّة قالت لي إنها تَكرهنا جميعاً
هنا يا أَحِبّائي في هذا البَلَد
يَبتَسِمَ لَكَ بعض الناس رَغمَ أنهم يَكرهونك،
هذا شيء لا أفهَمُه،
هنا يا أحبّائي هي الأمكنةُ التي نَحتَضِرُ
فيها

دون أن نموت
هنا يا أَحبّائي بعض الناس يَضعون حَدّاً لِحياتهم
فَقَط لأنهم رائعين وجميلين
ولا يَحتَمِلون السّعادة،
وآخرون لا يَحتَمِلونَ العَيشَ وَحيدين فَيمُوتون

***

في تِلكَ البُلدان البعيدة
نموتُ لِأَنّ طائرات حَربية تَصعَدُ إلى السماء
تُلقي قَذائِف، فَتَملأُ المُدن والقُرى بِدُخانٍ يُشبِهُ
الفَحم

هُناك يَموتُ الناس لأنّهم فُقراء وَجائعون
لأنهم حين يَمرضون لا يَفحَصُهُم طبيب
لأنهم يَظلّون هكذا حتى يَتَعَفّنون وَيموتون.

وحين أصلُ إلى الضفّة الأخرى

البحر هو موبي ديك
وأحلامكم هي رِجلُ إيهاب المبتورة!

***

في طنجة كان علَيَّ أن أختار
فاخترت البحر
لا أتحدّث عن البحر الذي يرتاده المحبّون
وقت الغروب
لا أتحدّث عن موج الشاطئ الواهن المُزبَدِّ
المستسلِم كقُبلة
وهو يلامِسُ بِرفقٍ ومحبّة
أقدام المُتيَّمين
البحر الذي أتحدّث عنه
لا يَحزن ولا يفرح لموت أحد

يملأ أفواه ضحاياه بماء مالح
وبعدها
يعود إلى طبيعته في انتظار ضحايا جدد

***

سأهاجر كما هاجَرَ الأنبياء
وحين أصل إلى الضفة الأخرى
سيستقبلني
الضباب
والبرد
والثلج

***

ليس مهمّاً من سيُحِبني أو سيكرهني
سأكون كلباً بذيل راقص
أتشمّم المؤخّرات
أتودّد للرفيع والدنيء
أهُزُّ أُذني

أَرفع رأسي قليلاً
أتركه يتمايل من أجل لقمة العيش
وألهث بالسعادة حين ألتقي بسَيِّدي الأبيض
أقول لَهُ ليس من حقّك أن تمرض يا سَيِّدي
سآخذ عنك المرض والحزن والقلق
حينها
يبدأ «الشو تايم»
الضربات الغادرة
الضربات المنخفضة
الضرب على الفَكِّ

ضرب الأضلع
ضرب على الخصر
وبعدَها يأتي مَن ينزع أحشاءك
ويدوس عليها
كما يدوس باريسيٌّ أصيل!
على كلب في الطريق السَيّار

أين أمي التي قالت لي
إن اسمي أجمل الأسماء؟

حكايات يغمرها الثلج

حين خرجتُ من داري القديمة
لم أكتُب وَصِيَّتي على وَرَقٍ بُردي
كَتبتُ رسالتي ودَفَنتُها في جوفِ ريش الحمام
ثُم قُلتُ لها تَعرفينَ دار جدّي وجَدَّتي ومَنازِلَ الرُّعاة؟
وهكذا، قَبل أن أُفارق اسمي
وضَعتُه في صُرَّة مع ما تُخَزِّنُه أسرارُ الجَدّات
حتى إذا عُدتُ شَمَمتُ رائحَتي
فيرتَدُّ لَي بَصَري
حَمَلتُ ما تَبَقى من موتي بعدَها
وهَجَمتُ على المجهول

***

أنت الآن هنا

سَتجِد عملاً في مطعم
تُقَطِّع فيه الطماطم والبصَل
وبعضاً من جرحك
وفي الليل تختفي كالمجرمين
سَتَسكُنُ بُيوتاً تُشبهُ الخرائب
ستلتقي بِسماسرة الغُربة جاهزين

سيأخذونكَ إلى مقهى
وبعدها إلى مَسجد
ستستمع إلى مَوتِك في حكايات
يَغمُرها الثلج
وَسَترى بِعَينيك
أنَّ مَن يَسكُنون المدينة
لا يَسكنون المَدينة
وإن كُنتَ محظوظاً
ستجِد امرأة بَدينة تَشتَهيك
وَبَعدها تَدخُلُكَ كَخِنزير بَرّي

ليس مُهِمّاً ما كان يَحدُث بينكما
المُهِمُّ أنَّكَ تَسكُنُ في حيطانِها وهي تَسكُنُ في
عظامك
وحتّى هذا ليس مُهِمّاً
المُهِمُّ أن ثمة أشياء كانت تَنكَسِر فيكما
حين وَصَلَ إلى هذه الأرض التي لا تُشبِهُه
بدأ يَتلَصَّصُ على الأشجار والنباتات
وعلى موسيقى المدينة وأعراسِها واحتفالاتها
كان يرقُص حتى يَتطايَرَ العَرَقُ منه
وأحيانا يَتمرَّغُ في التراب
كأنَّهُ أحدُ بَهاليل مدينة مراكش

❊❊❊

هُنا
لا أَحَد يَنتَظِرُ أحداً
لا تُفكِّر بأنَّ حياتَكَ كانَت أجمَل في مكان آخر
أنت حيثُ تَبيتُ الطّيور
وَغُربَتُكَ

هي كَسرٌ للرّوح والجَسَد وعمى يُصيبُ العينين فلا تَرجع حتى يَرتَدَّ لَكَ بَصَرُك.

العبور الأخير

جاؤوا من بعيد

تركوا كل شيء وراءهم

آخر الكلمات

آخر الوداع

ودَّعوا الحجر والرمل

وأصدقاءهم القدامى

رفعوا تلك الأيادي والأصابع النحيفة

لوّحوا بها واختفوا في الصحراء

رسموا خرائطهم بحذر

لا شرقاً ولا غرباً

السير شمالاً

حيث الماء، الرعاة والرحل.

وصلوا إلى مدينة الدار البيضاء

تعلّموا القليل من الكلمات

تسوّلوا بها،
أفارقة حملوا أحلامهم
وجلسوا ينتظرون يوم العبور الأخير
في طنجة
لون ماء البحر أزرق كحلي

لم يكن البحر، بحراً
كان البحر جسراً
كان معبراً لأحلامهم
وما وراء الضفّة البعيدة جَنَّة
لم يكن يَتَقَدَّمهم إلى البحر نبيّ
ولم يأمرهم الرب بالخروج
قتلوا آخر شيء يملكونه: الخوف
التفاتة أخيرة إلى الوراء
قبل أن يُطيح الموجُ بأحلامهم
أمّا الآخرون حين يصلون
فحقنة في الوريد

أو رصاصة في الرأس
أو الموت برداً في إحدى حدائق إشبيلية الجميلة
صوتٌ صدَر مِنِّي، يَهمِس لحارسة خفر الساحل
الإسباني
دَعيهم يدخلون فالمقبرة تَتَّسِعُ لنا جميعاً
لا وجوه لهم ولن تصير لهم وجوه.

جئتك أحمل إليكِ باقة وردٍ ...
فأين شاهد القبر؟

الذين خرجوا ذات يوم وقالوا إنّهم سَيعودون

وهُم يَعرِفون أنّهم لن يَعودوا

المحكومون بالخِيانات

الذين يَخافُون أن يَسقُط الظلُّ

فيفضَحُهم النور

الذين قالوا يوماً إلى اللّقاء

وهُم يعرفون أنّهم لن يَعودوا

❄❄❄

أنا واحدٌ من هؤلاء

أكتُبُ على الوَرَقِ فتهرِب الكَلِماتُ

تَطير، تَصيرُ فراشات

قالت أحتاج إلى شمسٍ، وفَضاء مَفتوحٍ

على أُفُقٍ لِلفَرح وزَهر الخُزامى والنَّعناعِ،
واستراحةٍ في الظِلِّ ونَفحَة هواء نَقِيّ
قالت لي إذا كُنت سَتعترِف فاعتَرِف الآن

كيف تَعيش هُنا؟

قُلت مَن خرج من دَارِهِ

لا دَار أخرى له

كانت لي دارٌ بِنافدتين

أُطِلُّ من واحِدةٍ منها على البحر

وأُخرى على نفسي وعلى يَمامة

فهل هناك طُقُوس لِلعَودة إلى القَبيلة؟

حتّى أعبُرَ إلى اسم مَغسول بِدَم الطَّهارة

وبِزغاريد الباهرات

هل هناك طقوس أتَمَرّن عَليها

كي أُعاوِدَ البداية

هل أحمِل لِلقَبيلة قَطيفة زَهرٍ وَنُوَارٍ

وَأَتداعَى أمامَها هَشّاً كَأوراق الخَريف

دُون شَماتَة أَحدِ

وأُعلِنُ لَهَا أَنِّي الآن أُشبِهُ نَفسي

ولا أَشبِهِ أَحَداً

جئتك أحمل إليكِ باقة وردٍ

فأين شاهد القبرِ؟

صَباحاتٌ باردة، وجيرانٌ طيبون وصامتون

وَصَلتُ وَقتَ الظهيرة إلى بيت صديقي وعائلته
اليوم عيدُ الأضحى،
تبادلنا تهانئ العيد
ونحن نَعرِفُ أن الدَّم يَضرِبُ هناك

***

تخرُج من بيتِكَ هُنا في الصباح، فَتُعانِقُكَ الأشجار
وتقول لك، خُذ حُلمَك إلى أي سماءٍ شِئتَ
أما الأوطان التي تحدث فيها الأشياء السيئة فقط
فالناس على عادتهم دائماً يَرفضون
أن يكون أيّ يوم في الأسبوع جميلاً
يَستيقظون صباحاً يَتفلُون، وهم يقولون ما

أُحَطَّك يا بلاد.

هذه وِصِيَّتي لَكَ

قبل أن تُهاجِر فَقد تَنجو وَقَد تَهلَك

تأخذ إزميلا ومطرقة خشبية

تدُقُّ بِرفقٍ أسماءَ من تُحِبُّ على شجرة دارِكم

وافِرَة الثِّمار

ثُم بعد ذلك

تَجتثها وَتَحمِلُها على ظهرِك

وحين تَصِلُ بعد رحلة طويلة

تَحفِرُ حُفَرَةً

وتَزرَعُ الشجرة في مكان للغياب

ثم تَرُشُّها بالماء كما تُرَشُّ القُبور

وحين يَشتَدُّ البَينُ بِك

رَاقِب شَجَرَتَكَ من بَعيد

وقُل للأسماء المَحفورة فيها

هُنا رَاحَتكم الأبَدِيَّةُ أَيُّها الرِّفاق

هنا لا أَحَدَ يَنتظِرُ أحداً

هنا صَباحاتٌ باردة،

وجيرانٌ طيبون وصامتون،

يُلَوِّحون بأيديهم لَك من بعيد كأنهم يُوَدِّعونك،

لَكأنّك ستدخُلُ بيتكَ ولا تَخرُجُ منه سالما

أمّا أنتُم يا أحِبائي

فبِبَساطَة ستدخلون في موتي وأَدخُل في موتِكم

هنا سَنُغرِقُ دَمَنا في جُرحِنا ونَقولُ لِلغيب إنّا

نَنتظر،

لَيلاً ستخرجون من سيقان الأشجار تَصدَحون،

وفي غَمرة فَرَحِكُم وَسُكرِكُم

ترتَطِمُ عِظامُ بَعضكم بِبعض، أسمع طقطقَة

تُشبِهُ

صَوت انكسار الحَجَر

فَتسقُطون

في الصّباح حين أستَيقِظُ، أُثبّتُ أسماءكم على

الشجرة

هنا يا أحِبّائي هي الأمكنةُ التي نَحتَضِرُ فيها

دون أن نموت
هنا نُحبُّ، ونَتزوّج أحيانا
ونَحتَفِلُ بالطلاق،
وبعد الخمسين، يَختفي الأصدقاء لا أقصِد
يَموتون
فقط يَختفون،
وبَعدَها، نَكتَئِبُ، وَنَضجر
وآخرون يَستَعمِلُون كِلاباً مُدَرَّبة لِتهدئة
أعصابهم
والتّخفيف من حُزنهم

***

هنا يا أحبّائي حين أكتُبُ قصيدة عن الحبِّ
تَخرجُ لي
أغصان شجرة فتُطالِبُني بالنسيان
أحبّائي
تَعرفون قصّة الطفل الذي كان يسكن قرب
منازلُ الرُّعاة

أمّا الوَجه الذي أَحمِلُه الآن وسَتَحمِلونَهُ
فَوَجهٌ يَتَجَنَّبُهُ الخائفون على حياتهم من أشرارَ
مُحتَمَلين. - 42

نيو أورلينز .. الظلام الظلام

الظلام الظلام
أسمع عَصفَ ريح حامية قادمة من بعيد
وابل من المطر،
تندفع الريح،
ريحٌ مُلتوية لولبية
وحين تَشتدُّ فعلى شيء ما أن ينكسر

***

احتمينا في بيوتنا
كالدواب في مرابطها
وراقبنا بعد كل هدأة
من خلف ستائر نوافذنا
ماذا فعلت الريح والماء بنا
اجتث جذور الأشجار،

أسقَطَت الأعمدة الكهربائية،
بعضُ البيوت
انخلعت أبوابها ونوافذها

***

الظلام الظلام
أجلس في الظلام
في بيت مظلم
في مدينة مظلمة
في مستنقع كبير
مظلم
نيو أورلينز
اسم المدينة
أما أنا فلا اسم لي
أجلس في الظلام
طريقي إلى النور
مصباح صغير
يَشِعّ منه ضوء خافت

وكلمات لم تدركها ظلمة بعد

***

بعد خمسة أيام
عادت الكهرباء إلى مقبرة المدينة
أما الموتى الذين يسكنون هذه المدينة
فما زالوا ينتظرون

***

يأتي عازف إلى المدينة
يعزف معزوفة على شرفِ موتى
يتجدّد موتهم كل يوم
أما الموتى الذين لم يموتوا بعد
فيحضر لهم العازف لحنا شجيا
يليق بموتهم في هذه المدينة

***

ذباب أزرق يلاحق رائحة لحوم بشرية

قرمزية، مُعرّقة، مسلوخة، متورمة
المدينة النتنة، المسلولة
تبحث عن نفحة هواء نقي

***

نيو أورلينز
أشجار هرمة
سماء لا نجوم تُرصعها
نيو أورلينز
الحَرُّ والرطوبة
نيو أورلينز
البعوض والصراصير
نيو أورلينز

Fuck

أكره هواء هذه المدينة
أكره أوراق أشجارها الجافة المنكسرة
أكره أشجارها المسوسة

***

الظلام يدخل في نيو أورلينز

نيو أورلينز تدخل في الظلام

يدخلان في بعضهما البعض

ويرقصان

على أحزاننا نحن الموتى في هذه المدينة

نيو أورلينز

الظلام الظلام.

نيو أورلينز في مرآة الغريب

تجلس جارتي دائماً خلف نافذة بيتها
تُحدِّقُ في سِنديانة
من مَطلَعِ رُقاقات الشمس الأولى إلى المغيب
مرّةً اقتربت من الشجرة وسألتها
هل رأيتِ حزناً
يفوق حزن تلك المرأة؟

***

الناس في مدينتي
يُعانون من أمراض نفسية مُزمِنة
وعِندهُم مَشاكِل عاطفية لا تَنتهي
يمارسون يوغا الماعز
يَثِبُ الماعز على ظهر المُعذَّب
والمضغوط نفسياً

والمطلّق
والذي على وشك طلاق
واليائس،
والفاشل في الحصول على ترقية
ورئيس العمل الذي أعيته
مطالب موظّفيه العُصابيّين

يَثِبُ الماعز على ظهور كل هؤلاء
للتخفيف من آلامهم
ومساعدتهم على الشفاء

❋❋❋

يتناولون عقاقير كثيرة
عقاقير ضدّ القلق
عقاقير للنحافة
عقاقير لمقاومة الأرق
يُدخّنون الماريجوانا للاسترخاء

يُحاربون تجاعيد وجوههم وأعناقهم
بحقن البوتوكس
لا يتردّدون في ترك زوجاتهم أو أزواجهم
إذا مَلُّوا الحياة معهم
يَعمَلون كَأنّهم في ساحة حرب
ويحوكون الدسائس لبعضهم البعض
في أمكنة العمل

وإذا حدث لك مشكل مع أحدهم
فإنهم يحاربونه كما يحاربون عدوّاً

***

لا يكترثون للعلاقات الأُسرية كثيراً
يكتبُون وصاياهم الأخيرة
كأنهم يكتبون رسالة إلى صديق

***

يكبُرُ الأطفال

يلتحقون بالجامعة،

يتخرّجون

يجدون عملاً

يحبّون،

يتزوّجون

تَقِلّ زيارتهم لك

يبتعدون

ويختلقون أعذاراً لِتَجَنُّبِ زيارتك

الأب الذي ينتظر أولاده ليس أباً!

إنه أب ضعيف، معتلّ

الأب الحقيقي لا ينتظر أحداً

لا يتسرّب الوهن إلى جسمه

يخاف من التعَفُّن والعمى

لكنه لا يخاف من الموت

الأب القوي

لا يحتاج إلى قُبَلٍ أو عِناق أَحَدٍ

الأب الذي يَليق به هذا الاسم

لا يشكي آلامَه للآخرين
يموت في صمت وحيداً في دور العجزة!

لا يشكي آلامَه للآخرين
يموت في صمت وحيداً في دور العجزة!

جرائم طفل صغير!

أصوات تَلبَسُ لَحَمَها
تَضَعُ عيونها في مَحاجِرِها
ثُمَّ تخرُجُ من موتها

***

طفل يأخذُ سِلفي
بفَردة حذاء كروس مع أصدقائه الجائعين!
ويضحكون علينا جميعاً

***

في تلك الأرض البعيدة
لم يَهجم علينا جنود المارينز
ولم يزر حَيَّنا بابا نويل،
في حَيِّنا المليء بالحب والتّيه

كنت أصطاد طيوراً
أضع لها شِباكاً
وحين يقع طائر في الشَّرَك
يَدِفُّ بجناحيه، وبعدها تَتَقَلَّصُ حَرَكَته
آخذه، ألوي عُنُقَه لَيَّةً واحدة وبعدها
أنتِفُ ريشه عن لحمه وأُشويه

***

كُنتُ أَتَعَقَّبُ الكلاب و وَأرميها بالحجارة
الآن، كُلَّما رَأيتُ كلباً أُريد أن أعانقه
وأقول لَه سامِحني

***

حين يَحِلُّ الرَّبيع
أنتظِرُ قُدوم الفَراشات
ما أن تبسط أجنحَتها على الأزهار
حتى أُمسِكُ بإحداها، أحُكُّ بها أشيائي الصغيرة
كي أكبر بسرعة و أصير رجُلاً

مساءً أعود إلى بيتي
تَفضَحُني رائحة العَرق والأوساخ

وما جرى في الصباح

* * *

اشتريتُ زهرتَي نرجس وبنفسج
صفراء، بيضاء وأجوانية
وقُلتُ للفراشات، هذه أزهارُكِ
أعتذر لَكِ عمَّا فعلت

* * *

كنتُ طفلاً محظوظاً جدّاً
لم أسمع انفجاراً
لم أرَ لهباً يُحرِق بيتاً وناسَه
لم تتطاير شظيّةٌ تأخذ عيني
لم أسمع صفّارات إنذار
ولم أخَفْ على أبي يوماً
أن تُغيّبه رصاصةُ قنّاص.

كازابلانكا، عندما أُفَكِّرُ فيك أَشعر بالخوف

يا فانوس الكون

يا شجرة تَتَدَلى منها أعراش الحب

يا نوارس البحر

خذيني إلى فرحي الأول كازابلانكا

أبعديني عن مطر يَنزِف كَجُرحٍ في هذه المدينة

خذيني

إلى شمس صيف دافئ

❋❋❋

كازابلانكا

البعيدة القريبة،

يفصلني عنك البحر

وتُقربني منك الذكريات

كازابلانكا

هل أبدأ رسالتي

بما تبدأ به رسائل الحب؟

فأقول اشتقت إليك

هل أعتذر لك عن طول غياب؟

أم أَصبِر حتى نلتقي ونتعانق؟

حَدّثيني عنكِ حتى أشبع مِنكِ كازابلانكا

هل أكتب لك رسائل حب وَفَقدِ

وأخبرك بما جرى؟

كم رسالة تحتاجين فأكتب لَكِ

ألفاً واثنين

أبعثها لك مع سرب حمام

❋❋❋

كازابلانكا

أكتب لَكِ من بعيد

أقصد من بعيد

من وراء تلك الغيوم الرمادية

على ساحل خليج المكسيك

على ضفاف نهر المسيسيبي

خلف الأفق البحري

أكتب لك من

خلف فرقعات البروق وهبوب العواصف

هناك وراء العتمة

وراء تلك المياه الضحلة

***

عندما نلتقي، هل آخذُكِ إلى البحر

فنجري كالأطفال، بحثا عن صَدَفِ البحر

وَمحاره؟
كازابلانكا سيّدة المدن
كم إسورة، كم قلادة كم خاتماً
أرصّعه لك باللازورد؟
كازابلانكا
سأصلك غريباً
فكوني أنت دَليلي إلى بيوت أصدقائي
الذين قَتَلهم الحلم،
الليل والبحر
الذين ساروا سَيرَ الأنبياء على الماء
ولَم يعودوا
كازابلانكا
هل مازلت بأقواسك وأسوارك
مدينة قديمة
أم وَصَلتك نفايات الغَربِ

فأصبحت شوارعك ملأى بالماكدولاندز
والمولات
كازابلانكا، عندما أُفكِّرُ فيك أشعر بالخوف
هل ستتعرّفين عليّ حين أعود إليك
وهل سأتعرّف عليك؟

ثمّة شيء ما يُشبه السقوط

في هذه القصيدة
سأضع جانباً ما يشعُرُ به المُحِبّون،
وما يَتوهّمونه

***

هذا المساء أقول لَكِ
رُبَّما غداً أو بعد غدٍ، لَست أدري
سأُحبّكِ أكثر... قليلاً
أمّا اليوم فَلا

***

بعض أصدقائي أَسَرّوا لي
أنهم يمارسون الحب وهم يستمِعون
إلى الموسيقى الكلاسيكية

الضجرة
يا للسخافة؛ جنس وبتهوفن
قَبل أن أُمارس الحب
أشرب وأتعاطى أشياء مسلّية
ويسكي وجنس
نبيذ وجنس
حشيش وجنس
وبعدها
نَفعل الحبَّ كذئبين جائعين
تَحدثُ كُل تلك الأشياء المُملّة
التي تَعرفونها
وهكذا وفي كُلِّ مَرَّة
أشعر بأَنِّي أقلَّ من كلب
ثمّة شيء ما يُشبه السقوط
لُعاب عالق في الشفتين
وموت صغير قادم من بعيد
لكن أهم شيء لا يحدث
الحب

هنا، لا يُبالون به كثيراً الحب

كما نفعل نحن في تلك الأقاصي البعيدة

الحب

يَخافون منه، كما يرتابون من الغُرباء

حين تُعلِن حبّك

تكون كمن يُطلقُ رَصاصة في الهواء فَيَفِرُّ الجميع

في هذا البلد، الناس طيِّبون، وغريبون أحياناً

وبعضهم حُمقى

حين يُطَلَّقون

يحتَفِلون مع أصدقائهم وصديقاتهم،

يَسكُبون النبيذ

ويَرقُصون

في تلك الأقاصي البعيدة التي جِئتُ منها

حين يُطَلَّقون، يسأمون، يَحترقون وبعضهم

يموت.

ليست نيو أورلينز

يبدأ الموت

مع أول نَعقةِ غُراب

مع جلجلة رعد وزخّة مطر

يعلو الماء المنازل

تَتَلاشى الصور وَتَضيعُ الذكريات

يبدأ الموت

مع شَهقة هواء

جسد ميت

يَنكسِرُ فيسقُطُ في الصباح

***

بيتي يقابل مدرسة ابتدائية

أستفيق على أزيز محرّكات السيارات

آباء وأمهات يوصلون أبناءهم إلى المدرسة

أطفال يشبهون القطط والدُّمى

أمّا في تلك المدن البعيدة

مدن الحرب –

يسأل الأطفال آباءهم

لماذا لم يعد أصدقاؤنا إلى المدرسة؟

يُجيب الأب: سيعودون

ينهضون من قبورهم

يركبون دراجاتهم الهوائية

ويعودون

إلى حيّهم للعب

في تلك البلاد البعيدة

الأطفال يسألون آباءهم

متى ستنتهي الحرب؟

وهل سيعود آباؤهم مساء بأعضاء سليمة؟

أطرد هذه الوساوس

مساء حين أعود إلى شقّتي

أفعل مايفعله الجنود العائدون من الحرب

أنهزم

لقبي عند الجيران الجندي

هل أحمل سمات رجل يمكن أن يقتل!؟
هل يوحي مظهري بأبشع الصفات والمهن؟
الجندي عند جيراني مهاجر
يعيش وحده
مطلَّق
يبتسم لجيرانه عندما يُلقي عليهم التحية
محبّ للحيوانات
لا يشكي حزنه لأحد
ويكتم سِرّاً ما!
أشم في هذه الكلمات حطباً يحترق
اندفاع موجٍ
وجثةَ مهاجرٍ تكسوها الطحالب

❋❋❋

أعيش في مدينة حالِكة كمنجم فَحم

مدينة لا صباح يَبزُغ فيها
ولا أناشيد رعاة تُسمَع في صباحاتها
تنبَعِث من حيطانها رائحة العفونة
مدينة شجر السِّنديان النّخِر والقبور الرّميمة
المُتصدّعة

***

في مدينة نيو أورلينز
ثمة أرواح شِرّيرة تستفيق من رُقادِها
وتعبث بأرواح الأحياء
ليلاً أسمع صَلصَلةَ أجراس
لا أرى رهباناً
فقط طلقات رصاص تنفجر في أجساد يُجَلّلُها
الفقر
في مدينة نيو أورلينز
الضحايا
لم يكُن لهم موعد مع الموت
لن تقتلهم طائراتُ الأباش

سيقتلهم أطفال جائعون،

يخرجون ليلا مسلحين

يقتلون كما يقتل جندي عدوه

وبعدها يتبوّلون على جثث الضحايا

في مدينة نيو أورلينز

جياع مُخَتَلُّون عقلياً

في مدينة نيو أرلينز

أناس يسرقون وروداً من شواهد القبور

❋❋❋

ما أحب المدن إلى قلبك؟

ليست نيو أورلينز

مدينة الغُبار والرَّماد.

الغريبة

يَنفَتِحُ مَنبَعُ الحُب تَخرُجُ سَوسنة / فَينغَلِق

يَنفَتِح مَرّة ثانية / تُطِلُّ نرجِسَة / فَينغَلِق

يَنفَتِح مَرّة أخرى فتُطِلُّ منه نُدَبَة

***

تذكّرت الغريبة

ذات الشَّعر الطويل الأسود

والعينين العَسليتين

التي لم تغادر دارتها

إلا مرّة واحدة

لِتَرجُم بسبعة أحجار

كائناً خرافياً في مدينة الضَّلال والظّلال

سَكَنت في مملكة الظِّل

صاحَبَتِ العتمة

واختفت فيها

كالضّريرة

لم تَرَ نوراً غير

الذي أَعْماها

تبدو تائهة العينين

بشرة وجهها

كالَّتي يحملها القادمون من الحرب

وجهها كتلك الوجوه الخفيضة

التي أَلِفَت الخسارات والهزائم

وعاشت فيهما

لم تَسكن غير السّماء

التي أسقَطتها

عليلة، ضعيفة

لم تسبح في بحرٍ
ولا رأت بجعاً في بُحيرات
لم تشرب قهوة الصّباح
في مقهى
لم تتنزّه في حديقة
لم تَكتب رسائل حُبّ
ولم تَتلَقَّها
دوَّخَتها شمس حارقة
في الرّأس ولم تُشفَ من الصُّداع
لاتَتَكَلَّمُ كثيراً
تَتَكَلَّمُ بالمسموح لَها بِه
تَتكَلَّمُ قليلاً
لا تَتَكَلَّم أصلاً
وحين تَتكلَّم لا يصمُدُ
وجهُها، يختفي

يَسقُطُ

كَما يَسقُطُ الغَرامْ

يسقُطُ على صفحة الماء

وحين تَلْتَقِطهُ

يَصِيرُ عجيناً في يدَيها

نَسِيَت أنَّ لها وَجهاً

فَغَطَّته

لم يكن عمرُها يكفي

فجئت لأُتمِّمَه

كانت تَقول لي دائماً

سَتستفيق غَداً أجمَلَ من الصَّباح

إنّها أُمِّي

تُشبهُ كلَّ شيء

إلاّ وجه امرأة سعيدة

كم تمنّيت لو رأيتها صغيرة

حافية القدمين تطارد فراشات الرّبيع

أحياناً على غَيرِ عادَتِها تَفتح شُبّاك النافذة

المُطِلِّ على ساحة يَلعَبُ فيها الأطفال

وهي تَعرِفُ أَن العصافير

كَعادَتِها لن تأتي

وحين تَتَسَلَّلُ رُقاقات أَشِعَّة الشمس

يَجفِلُ وَجهُها كأَنّ إِبرَةً وَخَزتهُ

كانت كَتِلك الأجساد الواهِنة

الرّخوة أو مِثل أوراق الخريف التي تَهفو

مَعَ أَوَّلِ هَزَّة رِيح

لم أتعَرَّف عليها آخر مرّة زرتها

رَأيتُ وجهاً غَضِناً

ونَفساً مَحروقة

كأنَّ جُرحاً نَخَزَها ولم تَبرأ منه أبداً

❋❋❋

هل هُناك وُجوه لِلمُنتَصرين

وأخرى لِلمَهزومين في السجون والمنافي؟

كان وجهُ أُمّي كُلَّ تلك الوجوه

ما عدا المُنتصرة منها

وَجهٌ ظَليلٌ

وَجهٌ مُعتِم

مُفتَرَقُ العَمى والتّيه

وَجهٌ طالِعٌ من الغَيبِ كاليَمامِ البرّي

وَكُلَّما اقْتَرَبتُ منها

كان الظِلُ يَزحَف إليها

لم تَكن أنثى

كانت وَجهاً لِلغياب كانت

كتِلكَ الحَيوانات التي وُجِدت على هذه الأرض

لِتُضرَبَ بالرّصاص

أو تُنهَش

فتحمل جُرحها وتتيهُ في الفلوات

كُنتُ أستمِع إليها في الظلام

أقصد كان الظَّلامُ يُصغِي إلينا

وأنا أتكَلَّم وهي تَستمِع

أعرفُ أَنّي حين أُغلِق باب البيت

سَينتهي كلَّ شيء ويموت.

لم يَعرِف لها أَحَدٌ اسمًا

كانت تجلس بالقرب من شاطئ البحر

تَرتَدي لِحافا أبيضا

تَخْتَلطُ همهَمَتها بأصوات طيور الصباح الأولى

لم يَعرِف لها أَحَدٌ اسماً

تَنتَظر مَحظوظين كل صباح

ليلفظهم البحر!

صَدر مِنِّي صوتٌ،

يَهمِس لِحارسة خفر الساحل الإسباني

دَعِيهِمْ يدخلون فالمقبرة تَتَّسِعُ لنا جميعا

لا وجوه لهم ولن تصير لهم وجوه

❈❈❈

ناموا ذات ليلة،

فحملتهم الجرّافات إلى ضواحي المدينة البعيدة.

سيقتلك بيتُك القديم

في هذا البلد ستحدث لك أشياءُ كثيرة
لكنْ ما لن يحدثَ لك:
أن تجد أصدقاءً يشبهون أصدقاءك القُدامى
أن تستفيق، صباحاً، فرِحاً بالمطر والبرد
أن تُحبّ فيتفتّح الورد ويُزهر النَّرجس
في رمل دارِك
أن يأتي الندى يتقطّر من الورد
فيتبلَّل العشب
أن تأتي الطيور والفراشات والنَّحل
فتؤلِّف لهم لحناً جميلاً وترقصون حتى الصباح
أن ينفتح منبعُ الحب
فيخفقُ سِربٌ من العصافير من أعشاشه
فرِحاً بالربيع.
ما لن يحدث لك :

أن تستفيق في الصباح
وتسمع صوت الرُّعاة
يَهُشّون على غنمهم.
أن يأتي دارَكَ غريبٌ فتقول له
«أقتسمُ معك خبزي و نبيذي»
أن تأتي العصافير إلى بيتك
فتُطعمها خُبزاً مَبلولاً
وتقول لها «عِديني بيومٍ جميل»

***

لن يقتلك البرد والثلج،
سيقتلك بيتُك القديم
يَبدأُ الموت هكذا
تذهب إلى المقهى
تخرج لك أغنيةٌ قديمة لا تنتهي
تُدغدغ عواطفك المنكوسة كعَلَمٍ وطنيّ
تخرج كالخناجر المسنونة

فتطعنك على دفعات
تَشعُر أنَّ شيئاً ما يَشُقُّ صُدرك
وبعدها يَسيلُ دمك
فيصير الثلج النّاصعُ البياض ورديّاً
تسجنك الأغنية لساعةٍ أو ساعتين
وينهَشُك كلبٌ
ولا ينتهي هذا الضجر إلا بإقفال المقهى.

***

جرّبوا طعام البلد الذي تسكنون فيه
استمعوا إلى موسيقاه
زوروا متاحفه
فستكتشفون أنكم كنتم تسكنون في مقبرة

***

وأنا أُسبح كنتُ أقول: يا بحرُ أبعدني عن هؤلاء!

خُذ وقتك لالتقاط صورة لي ولَهُم!

ذاك الصباح أخرج المصوِّر كاميرتَه من حقيبته الجلدية

وهو يَعرفُ أنه لَن يلتقط هنا مناظر طبيعية

أو مشهداً برّياً

عليه أن يلتقِط صُوَراً في هذا المكان

الذي يحتضر فيه الناس دون أن يموتوا

وأغلبهم يموتون

***

تَتحرَّكُ عدسة الكاميرا

ويسألُ الصحافي نَفسَهُ:

هل دخل الأطفال الذين لا يُشبهون الأطفال

عَدَسة الكَاميرا؟

هل اقتَصَّت منهم الحرب، والتهجير بما فيه

الكِفاية

لِتُلتَقَطَ لهم صورة؟

هل يَبدون مُتَّسخين بما فيه الكفاية

وجائعين؟

هل صاروا أطفالاً لا يُشبهون أطفالاً جديرين

بالحياة،

هل تَبَخّر حُلمهم بامتلاك درّاجات هوائية

وأقلام مُلوّنة وكرّاسات

وحقائب

هل دَخل الأطفال الذين يحتفلون بِأعيادِ

ميلادهم عدسة الكاميرا؟

هل دَخل الأطفال الذين يَخمِشون وجوه بعضهم

وهم يضحكون

عدسة الكاميرا؟
هل دخل الذين لا يُحِبّهم أحد

عدسة الكاميرا؟

هل دخلوا جميعاً؟ لِينطلق الضوء

كما تَنطَلِق رصاصة من فوهة مُسدَّس

هكذا سَمِعت مدير القسم الصحافي يقول:

أي شيءٍ يدخل عدسة الكاميرا

يجب أن يكون مُروِّعاً،

أي شيءٍ يَدخل إلى كاميراتكم يجب أن يكون

بِعكسِ الحُبّ والرسم والمسرح ورقصة الباليه

بِعكس استفاقة الصباح في فصلِ الرّبيع

واستدارة القمر

بِعكس أولادكم الجميلين بخدودهم الحُمرِ

وعيونهم الزُرق

أي شيءٍ يَدخل إلى كاميراتكم يجب أن يكون

مُنفِّراً، شيئاً يضرب العقل وَيُمَزِّق شبكة العين

***

زُملائي الصحافيين
هل تَتَذكَّرون ذلك الشرطي قاتم الوجه
الذي حَمَلَ رضيعاً لَفَظُهُ البَحرُ
كما يحمِلُ الله الجَنّة على راحَتيه؟
هذه هي الصورة التي أبحث عنها
لا حاجة للمصَوِّر المُحترف في أن يُسرِع
لالتقاط صورة
يَخرجُ طفلٌ رَمته موجَةٌ رمادية مَيّتاً
ويقول للمُصَوّر:
خُذ وَقتَك لالتِقاط صورة لي ولكُم
لا تَتَسَرَّع
ستظَل جُثَّتي هنا حتى الصباح

تقول الجُثَّة للمُصَوِّر:
خُذ صورةً للموت من أَيِّ زاوية شِئت
دَقِّق جَيِّداً، هذه فُرصَتُك للنجاح
لا تَنسَ أَن تأخُذ صورة لِتِلك الموجة
التي تصل إلى شاطئ البحر كَشَهقة الموت
الأخيرة

❋❋❋

أَمّا صُوَرُ أطفال جائعين في بومباي
أو أطفال مشردين في نيكاراغوا،
أو قُطّاع طُرق في أي عاصمة عربية
فهي صُوَرٌ مألوفة
أريد صورة لشارعٍ يُشبهُ الموتى
والموتى فيه لا يُشبهون أحداً
هذه فقط اقتراحات

التقطوا صورة جميلة

صُوراً نَشتَمُّ فيها مَوتَنا جميعاً

***

دَعوني أسألكم:

عندما تَستفيقون في الصباح، هل تَهرَعون

إلى فَتح أبوابكم ونوافذكم لِتستَنشِقوا الهواء؟

بطبيعة الحال أنتم لا تَفعلون هذا،

أمّا آخرون فَيفعَلون

قال لي أحد المهاجرين الذين التقيتهم في الكنيسة

الكاثوليكية

أن هناك أناسا فعلاً يَستنشِقون الهواء ويَستَطيبونَهُ

بنفس الطريقة التي يقول فيها أطفالنا

وهم يأكلون شوكلاطة إنَّها لذيذة

قُلت له وأين يَحدث هذا؟ فأَجابَ

في مُدُن لم تَعُد

***

تصوَّروا معي أنّنا هنا في عطلة الأسبوع

نعزِمُ أصدقاءنا على حَفلِ عشاءٍ

أو نَتعشى في مطعم مع أحبائنا ونشرب نبيذا

طَيّباً،

ونُفكّر في عطلة أعياد السنة وفي شراء بيت،

في حين أن أُناساً آخرين في جهات أُخرى من

الكرُة الأرضية،

أعينهم مَفتوحة لا يَرمُشُ لها جَفنٌ، يُخطِّطون

للهجوم على البحر

تماماً كما يُفكّرُ ملاكم في الهجوم على خصمِه

هذه هي الصورة التي أبحث عنها، رجاءً لا أريد

صوراً

لمهاجر يشتري مرتديلا

وخبزاً وجبنة من محلّ تِجاري في إحدى ضواحي
باريس

الصورة التي أبحث عنها هي لأناس يائسين،

يركبون زَوارِقَ تُشبه زوارق ورقية ويغرقون في
البحر،

تَعرِفون لو قايض أحد المهربين مُعظمهم على
أحد أعضائهم

عَينا أو كِليَةً، أو أي شيئاً يَلُفُّه جِلدٌ ولَحم،

لوضَعوا كُلَّ أعضائهم على الطاوِلة

كُلُّ هذا من أجلِ العيش في مُؤخرة فرنسا

❋

دعوني أسألكم سؤالاً آخر: ما الذي يجعل شاباً

في كامِلِ قِواه العقلية،

يَصُبُّ البنزين على جسَده ويأخذ عود ثقاب؟

دَقِّقُوا جيّداً في تِلك الوجوه،

خذوا صوراً لهم في تِلك اللحظة

التي تسبق الموت

زُملائي تعرفون جيّداً أنّ

أجمل صورة تَأخذونها هي في الأمكنة

التي يَحتضِر فيها الناس دون أن يموتوا

وبعضُهم يموت.

مرضى لا يستحقّون الحياة!

أَسمَعُ فَحيحاً، ثُمَّ رَمية سُمّ
وَبعدَها نَتَساقط جميعا كالرماد

❋❋❋

قال لنا الأطبّاء لا تَتَصافحوا،
لا تعانِقوا أحداً، فَفَعلنا
قال لنا الأطبّاء
احبِسوا أنفاسَكم في الداخل
وغَطّوا وجوهكم بأقنعة،
فَفَعلنا
قالوا لنا أغلقوا أبوابكم ولا تَفتحوها اليوم،
فَفَعلنا
اليوم قالوا لنا إنَّ بعضكُم لا يَستَحِقُّ الحياة!
فوداعاً لِموتى يَرحلون بِدون تلويحات وَداعٍ

وداعاً لِمرضى يَموتون وحيدين
وَداعاً لِأَحِبَّة لا قبور لهم
ارحَلوا أَيُّها الشامِخون ما أَجمَلَكُم
ارحَلوا أَيُّها الساكِنون في قُلوب أَحِبَّتكُم
فاليوم، السَماء، العصافير، البحر
الشجرة المزهِرة، الفرحة

كعروسٍ بجوار بيتي
أجمل مِنّا جميعاً نحن الأحياء
اليوم سأغسِل أوراق النباتات
كما تَغسِلُ أُمٌّ رَضيعها،
وأُعَرِّضُها لِرقاقات الشمس
لِتنمو عُروشها كأصابع طفل
وأَسَمِّدُ تُربَتها، وَأَرُشُّها بالماء بِرِفقٍ
كما يَرُشُّ الله الجنة.

لن يُغادر أحَد منزله مُكرهاً

أكتُبُ قصيدة، لن تَصِلها صواريخ

لن تَتحطَّم فيها مروحية عسكرية

لن تُنسَفَ فيها منازِل

لن تُشَنَّ فيها غارة على مدرسة

لن يُصاب فيها أحد بِكَسر،

ولن يُغادر فيها أحَد منزله مُكرهاً

في هذه القصيدة

لن يطلق عسكري رصاصة واحدة

لن تَسمَعَ فيها صفارة إنذار

ولن يَطلُب أَحَدٌ سيارة إسعاف.

امرأة في ثلاث حكايات

أعيشُ في مدينةٍ بلا قلب.

***

في هذا البلد ستحدث لك أشياءُ كثيرة

لا تكترث لجارك

لا تكترث لفرَحه، حزنه أو موته

لا تشكُ حزنك لأحد

لم أتعرّف على نفسي حين استيقظت في الصباح.

***

مساء الجمعة

يحتفل الناس في البارات

بصداقات عملٍ جديد

بحبٍّ جديد

بخيانات جديدة

وآخرون يشبهون بوكوفسكي
يجيئون يومياً إلى البار مهزومين ومتّسخين .

❊❊❊

أحد المداومين على البار
أصبح شِبه صديق
في كلّ مرّة يحكي لي نفس القصّة بطُرق مختلفة
كان يقول إن حبيته
هي تَقَطُّر الندى على العشب صباحاً
هي خشخشة أوراق الخريف المتساقطة
هي استفاقة الربيع بعد فصل شتاء ماطر
هي صَدَفُ البحر فوق رمالٍ ذهبية
هي فرحة طفل يرمي حصاةً في بحيرة
فتتكوّن تلك الدوائر الصغيرة
هي فرحة العائدين من الحرب بعد انتصار
وفي حكايته الثانية

إنها امرأة قاسية كالحجَر

ووعِرة كصحراء

تُشبه الخيول البرّية في ولاية مكسيكو

قالت له ذات يوم:

ليكن بيتنا

بنوافذ مفتوحة

وأبواب مشرعة

وأشارت بيدها للريح أن تأتي من كلّ الجهات.

***

في إحدى الصباحات الباردة

والبرد يجوس في الدار

ليخترقَ ألواح الأبواب والنوافد الخشبية

ويستقرّ كقطعة ثلج على الجسد

أنهت حياتَها

بطلقة رصاص حامية.

***

قبل أن يغادر جورج البار
قال لي:
أتمنّى لك مساءً
أجمل من مسائي
ثم ذهب مع الريح.
حين عُدت إلى شقّتي
فتحتُ الباب
فدخل الحزن إليّ من كلّ الجِّهات
أخذت جرعتَيْ ويسكي
وبعدها، ومن وحدتي،
أكَلتُ الأبواب، النوافذ والحيطان
وجلست أنتظر موجةً عالية
تقذفُني مع زَبد البحر إلى اليابسة.

أسميتُكِ مريم

المعركةُ في الداخل
ترحلُ الطيور مع تغيُّر الفصولِ
دون أن تأخذَ الإذن من أحد.

***

اشتريتُ شتلةً
وحين جئتُ بها إلى بيتي
رفعتُها من جذعها
فكَّكتُ جذورَها برفق
حفرتُ تربتها بيديّ، وغرستُها
ثم رَشَشتها برفقٍ كما يرشّ اللهُ الجنّة
وقلتُ لها أزهِري في قلبي الظليل.

***

نَمَتِ الشجرة
أسميتُها مريمَ
ذاتَ صباح فتحتُ باب بيتي
وقلت لها أُحبّكِ
أَأَجيءُ إليكِ
أم تأتينَ إليَّ؟
قالت: لم أعتقد مرّةً أننا كنّا أَحِبّة
حتى نَتَعانق
قلتُ النجوم التي أسامرها كلَّ ليلة
لا تعرفني أيضاً
لكنّي أُكَلِّمها
وحين تهوي
أندهشُ
فأجري وراء شظاياها الساقطة.

***

قلتُ يا مريم
أراكِ صباحاً فأفرح

كما يفرح سجينٌ يُطلُّ من فتحةِ جدارٍ على
عصفور
أُحبُّ أوراقكِ المبلَّلة بندى الصباح
يا مريم
في القلب متّسعٌ للريحِ
والعواصفِ والشمسِ الحارقة
فامنحيني هواءً نقيّاً
أستنشقه اليوم وغداً.

***

مرحباً بتفتُّح الزهر
مرحباً بأوراق الأشجار القُرمزية، الخضراء
والبرتقالية
مرحباً بالسناجب فَرِحَةً وهي تتسلّق الأشجار
مرحباً بالعصافير وهي تشرب
ماءَ أوراقها النديّة
وتأكل من ثمارها.

مريم
يا شجرةً يحتمي بظلّها الهاربون
علّميني أسرار التحوّل
الموت والولادة، الوهن والصمود
أيّ موسيقى تنصتين إليها
لتصيري بهذا الارتفاع والشموخ؟
يا مريم ماذا يفعل النهرُ الأحمق في هذه المدينة
التي تنام فوق الماء؟
أسمع صفّارات إنذارٍ
العاصفةُ قادمة.

الفهرس